Coaching & Auto-Coaching:

El arte de ayudar con preguntas.

Por Christian Leclerc

Todos los derechos reservados. Prohibida la reproducción total o parcial de la presente obra, trátese del texto, fotografías, ilustraciones o cualquier otra imagen por cualquier medio electrónico o mecánico; incluyendo fotocopias, grabación, escaneo o por cualquier medio de almacenamiento y recuperación de información sin la autorización escrita del autor.

Julio 2018

"El sabio no es el hombre que proporciona las respuestas verdaderas, es el que formula las preguntas verdaderas" (Levi Strauss)

Tabla de contenido: **p.4**

Introducción: ¿Por qué es importante preguntar? **p.5**

Capítulo 1: Tipos de preguntas: **p.7**

Capítulo 2: ¿Cómo usar ese libro? **p.10**

Capítulo 3: Preguntas situacionales **p.12**

Capítulo 4: Auto coaching: 30 preguntas para mejorar tu vida: **p.45**

Acerca del autor: **p.78**

Introducción:

¿Por qué es importante preguntar? Muchas veces una persona se pregunta cómo puede influenciar el comportamiento de un colega, de un familiar o un amigo para poder llegar a los resultados que se proponga o simplemente apoyarle en su crecimiento laboral y personal. Esa misma pregunta, también aplica por sí mismo. Es decir, que todas las preguntas de ayuda que encontraran en ese libro, también aplican como "auto cuestionamiento" y te ayudara a ti, si te tomas el tiempo de usar esas preguntas que podrá llevarte a un cambio muy importante en tu vida cotidiana tanto en el trabajo o en casa. La importancia de usar bien una pregunta puede separar un excelente líder de un líder mediocre. ¿Por qué preguntar es tan importante? y ¿Por qué hacer las preguntas correctas nos va a facilitar las soluciones a muchos problemas tanto laborales que personales? Brevemente, te en listo 5 elementos que demuestran que preguntar es indispensable en la actividad del "coaching" o de "auto-coaching":

1. Preguntar te hace ver como un experto: ¿Recuerdas en una junta donde de repente un colega hacia dos o tres preguntas muy inteligentes después de una presentación? Y tú te quedaste pensando: -¡WOW! El sí sabe del tema. Pues realmente no, al contrario, solo uso una técnica sencilla, para saber más del tema, y a la vez, muestro seguridad, inteligencia y sobre todo se vio como un experto. Seguramente, que los directivos que estaban presente en esa junta, lo notaron, y posiblemente, fue el inicio de una carrera brillante en esa empresa. En ese libro te enseñare esas preguntas.

2. Preguntar hace responsable a la persona que quieres ayudar: Puedes dar consejos y compartir tu experiencia. Y así se quedará, una plática de buenas anécdotas si no haces participe a la persona que quieres ayudar con preguntas bien orientadas.

3. Hacer preguntas sirven para demostrar que realmente te interesa. Con excelentes preguntas puedes cambiar una persona condenada al fracaso y hacerla una persona muy exitosa. Una persona que se siente escuchada, apoyada tendrá mucha confianza por seguir tus enseñanzas y por ende podrá solucionar sus problemas con más facilidad.

4. Preguntar te ayuda a escuchar: Como lo mencione antes en esa guía, escuchar es una de las actividades más difíciles para un ser humano. Si haces preguntas relevantes, esa tarea te será mucho más fácil, y podrás decir que dominas la "escucha activa" y no la escucha pasiva". 5. Preguntar es tener el control de una conversación. Tú eres el coach y tú debes guiar a las personas a tomar sus responsabilidades y acciones para cambiar o llegar a una meta especifica. Si no preguntas, será difícil controlar una conversación. Recuerda ese mantra "El que pregunta, lidera".

Cuantas veces no hemos escuchado hablar un coach, un gerente hasta un amigo, dar muchos consejos sin hacer partícipe a la persona que quiere ayudar. En el coaching laboral o en el coaching "de vida" o simplemente en nuestras interacciones interpersonales de todos los días, la tarea de "escuchar" parece muy difícil. Para tener una actividad de escucha activa e eficiente hay que aplicar preguntas precisas e inteligentes. Si no preguntas, no podrás escuchar, y caerás en el "rollo" de hablar y hablar dando consejos. No digo que eso este mal, solamente que, usando preguntas bien usadas, hará de tu coaching mucho más productivo y harás que la persona participe mucho más en su proceso de ayuda.

Capítulo 1: Tipos de preguntas:

Tal vez es algo obvio para varios "coaches", sin embargo quisiera hacer esa pausa para identificar tres tipos de preguntas que se usan en la hora de consultar o ayudar al "coachie".

1. Las preguntas cerradas son aquellas que comienzan normalmente con un verbo. Limitan las respuestas a "sí", "no" o "quizás", siendo las principales respuestas "sí" o "no". Con estas preguntas obtenemos poca información. La clave está en el uso de los dos tipos de preguntas. El buen uso de las preguntas no está en la naturaleza de ellas si no en momento que se usan: usar la palabra correcta en el momento correcto, ayudará a un individuo a poder entrar en confianza con su "mentor".

2. Las preguntas abiertas son aquellas que comienzan con un adverbio o pronombre interrogativo: quién, qué, dónde, cómo, cuándo, cuál y por qué. Las preguntas abiertas implican al cliente para que nos desvele sus pensamientos, su experiencia, sus emociones y sus necesidades en profundidad. Son una excelente forma de investigación. Los "coaches" que escuchan con atención las respuestas de las preguntas abiertas descubren rutas para avanzar en la entrevista, alcanzar la confianza y desarrollar relaciones a largo plazo. Las preguntas abiertas son difíciles de no contestar. Mediante su uso, se puede iniciar, mantener y dirigir un diálogo. Por otra parte, las respuestas que se obtienen son concretas y completas. Ejemplos de preguntas abiertas:

a) ¿Puedes ayudarme a entender eso un poco mejor?

b) ¿Qué significa eso?

c) ¿Cómo están organizados?

d) ¿La empresa está creciendo o estable? Platícame

e) ¿Qué (problemática) están usando actualmente?

f) ¿Cuál cree que es su mayor fortaleza?

g) ¿Cuál cree que es su mayor debilidad?

Recuerda que en este paso del proceso, las preguntas son esenciales, ya que queremos saber las problemáticas de la persona. Es importante que la persona que quiere ser ayudada siente esa "obligación" y que no se trata de un interrogatorio policiaco. Limita tus preguntas para entender y captar exactamente las necesidades del sujeto que quieres ayudar. En capacitación presencial o en línea, me gusta ilustrar ese pasó con la siguiente gráfica:

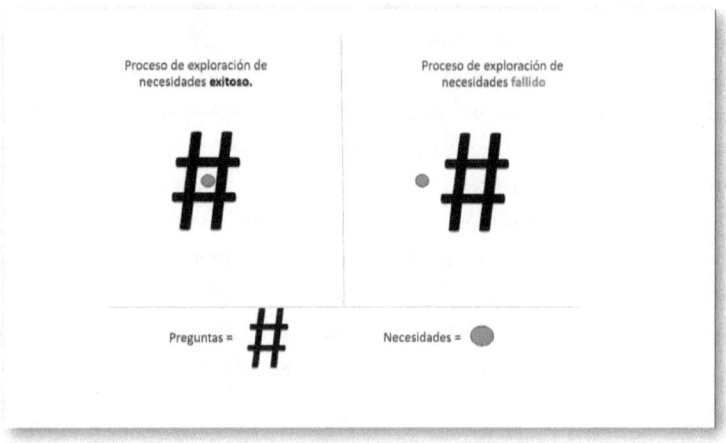

Lo que busco ilustrar es el uso de una buena mezcla de preguntas abiertas y cerradas enfocadas a encontrar necesidades, las necesidades del prospecto. No se debe preguntar solo por preguntar o, ya que no harás suficientes preguntas precisas para encontrar la información que te permitirá ayudar al cliente a comprar.

Las preguntas de alta rendimiento: son esas preguntas que hacen pensar a las personas. Se toca la emoción. Las buenas preguntas producen una catarsis, una transformación. Estas nos hacen crecer, buscar y dan sentido. Esas preguntas no se usan de primera instancia. Primero porque no hemos ganado el derecho de hacerlo, y dos porque en ese paso del proceso estamos buscando datos para ayudar a una persona y no ponerlo incómodo. Algunos ejemplos de preguntas de alto rendimiento:

- ¿Qué cambios ha visto en su negocio, su competencia o sus productos en los últimos tres años?
- ¿Qué pasaría si UD no domina el idioma inglés?
- ¿Qué es lo que le impide alcanzar sus metas?
- "Si tuviera que hacer que esto sucediera, ¿Qué significa para usted personalmente?"
- "Si no resuelve (inserte el desafío particular aquí), ¿qué tipo de dificultades enfrentará en el futuro? ¿Qué no sucederá que quieras que suceda?
- "Si no existieran restricciones sobre usted (dinero, esfuerzo, asuntos políticos, etc.), ¿qué cambiaría? ¿Puede decirme por qué?"
- ¿Cuál es su historia?

Como se puede ver, las preguntas de alto rendimiento tocan los sentimientos, hacen reflexionar. ¿Cómo te darás cuenta? Cuando la persona frente a ti se sienta en confianza e identificaste que haciendo una pregunta de alta rendimiento no afecta tus opiniones o consejos.

Capítulo 2: ¿Cómo usar ese libro?

Si estás leyendo esas líneas, es que te interesa el coaching o necesitas ideas prácticas para ayudar a tus colegas, a unos amigos o familiares. Eres gerente, director, trabajas en recursos humanos, eres un coach de vida profesional o estas iniciando esa nueva carrera o simplemente, te gusta los textos de autoayuda y quieres cambiar algo en tu vida. ¿Por qué ese libro de coaching es diferente de los demás libros del mismo género? Es diferente porque es práctico y porque podrás usar las siguientes preguntas de manera inmediata en situaciones de coaching muy específico. Por ejemplo, veras en el siguiente menú, situaciones que necesita un coaching particular. Por cada situación laboral, personal, hay preguntas específicas y consejos adicionales para ayudarte a tener una sesión de coaching la más eficiente posible:

Situación: Aquí puse una situación muy específica. Ejemplos: Ayudar una persona desmotivada en el trabajo, Ayudar a un colaborador a lograr una meta ventas, Ayudar a una persona después de un fallecimiento de un ser querido…etc.

Categoría: Para tener el libro todavía más práctico, elabore tres categorías de situaciones:

1. Laboral: En esa categoría, podrás encontrar todo tipo de situaciones que requieren un coaching por parte de un líder de equipo, gerente, director o especialista de recursos humanos. Vamos de situaciones sencillas como ayudar a dar retroalimentación a un empleado con poca productividad a cómo ayudar a un presidente de una empresa a liderar toda una empresa.

2. Personal: En esa categoría te mostrare como ayudar a personas que perdieron un ser querido, o que tienen un problema de relación de pareja, (entre otros) con preguntas de alto rendimiento.

3. Vida: En esa categoría, vamos a ayudar a gente que quieren cambiar algo en su vida en general o que inician un nuevo proyecto.

Preguntas: En esa sección podrás leer, aprender y usar las preguntas que es el tema medular de esa obra.

Consejos: Cada situación es particular, y en esa sección te ayudare con "tips" para que puedas adaptar esas preguntas a la situación la más semejante a lo que tú necesites.

Mis notas: Ese libro es más que un libro de ideas, si no es también un cuaderno para poder apuntar tus acciones, tus ideas y/o tus interpretaciones. Es de uso práctico para tus sesiones de coaching tanto para ayudar a alguien o para ayudarte a ti mismo.

Capítulo 3: Preguntas situacionales

Preguntas para ayudar a un colaborador con bajo rendimiento:

Situación: Resultados por debajo de las expectativas, situaciones de interacciones laborales, tarea no hecha en tiempo y en forma.

Categoría:

Laboral

Preguntas:

1. Platícame más acerca de la situación
2. ¿Qué has hecho para remediar esa situación?
3. ¿Cómo te sientes?
4. ¿Cómo están funcionado esas acciones para ti?
5. ¿Cuál sería la situación perfecta para ti?
6. ¿Qué pasaría si…?
7. ¿Te puedo sugerir algo?

Consejos:

En mi carrera de ejecutivo, son las situaciones que más los gerentes me han preguntado en cómo se puede hacer el manejo. Esas preguntas han funcionado muy bien para mí. La palabra clave es "Platícame…". Es importante que la persona se siente en confianza. A la hora que usas la pregunta "¿Cómo te sientes? ", veras que poderosa es preguntar sobre los sentimientos. Esa pregunta te hace ver como humano y no un supervisor que solo espera los resultados, aunque es para eso que la empresa te contrato, dar resultados. Recuerda que tus colegas no son máquinas, una maquina no tiene sentimiento. El colaborador si tiene sentimientos, era importante para recordártelo. En la pregunta número 7, es donde es tu turno de hablar. Es aquí que vas a compartir tu experiencia. Veras, que después las otras preguntas, será muy fácil para ti a ayudar esa persona. Como en muchas otras situaciones que verán en el libro, el SEGUIMIENTO es también clave después de esa sesión.

Mis notas:

Preguntas para dar retroalimentación a un subordinado.

Categoría:

Laboral

Preguntas:

1. ¿Hacia dónde vamos?
2. ¿Y tú, hacia dónde vas?
3. ¿Qué es lo que estás haciendo muy bien?
4. Si tú fueras tu jefe, tu supervisor, gerente o coach, ¿Cuáles sugerencias tienes para mejorar tu desempeño?
5. ¿Cómo te puedo ayudar?
6. ¿Qué sugerencia tienes para mí, para ser un mejor gerente?

Consejos:

Yo les recomiendo hacerlo por lo menos dos veces al año. Lo mejor, es hacerlo cada 3 meses. En la primera pregunta queremos saber que tanto esta el colaborador comprometido es el empleado. Y como todo el poder de las preguntas usadas en ese libro, sigue los pasos de las otras 5 preguntas y veras como es "sencillo" dar retroalimentación. Todo lo bueno o malo que hace la persona saldrá mismo de su boca. La pregunta número 6, es para mí muy importante, ya que te ayuda como líder a obtener esa retroalimentación no tan profundo como una encuesta de 360 grados, pero obtendrás información muy valiosa.

Mis notas:

Preguntas para auto evaluarse.

Categoría:
Laboral:

Preguntas:

1. Vamos a imaginar que acabas de asistir a una junta de trabajo. Esa reunión fue en realidad, muy aburrida, rutinaria y ordinaria.

2. ¿Si tú supieras que alguien iba a evaluar tu desempeño en esa junta, antes del evento, eso hubiera de cambiar tu comportamiento?

¿Sí o no? ¿Y por qué?

Consejos:
En nuestras tareas diarias en la oficina o en nuestro trabajo en general, existen actividades rutinaria y ordinaria. A veces esas tareas son muy importantes, pero por lo mismo que son repetitivas, no le damos la importancia que deberemos. Juntas, reportes, llamadas, ventas, etc. Usa esa pregunta para ayudar a tu productividad. ¿Te recuerdas te contrataron? ¿Qué paso los primeros días? Estas haciendo todos tus mejores esfuerzos, porque sabes que alguien o varias personas te están evaluando constantemente para corroborar que tu contratación fue la correcta y la adecuada para la empresa.

Mis notas:

Preguntas para ayudar a alguien a "desahogarse" y ayudarle a tomar una dirección.

Categoría:

Laboral / Personal:

Preguntas:

1. ¿Qué estás pensando?

2. ¿Qué más?

3. ¿Cuál es el problema real de esa situación?

4. ¿Y tú qué quieres hacer?

5. ¿Cómo te puedo ayudar?

6. ¿Qué pasaría si podríamos resolver esa situación?

7. ¿De las preguntas que te acaba de hacer, que fue lo que te ayudo más?

Consejos:

Eso puede funcionar en la vida personal y / o en un ámbito laboral. El objetivo de esas preguntas es hacer que la persona habla lo más posible. No esta demás mencionar que, en esos casos, la escucha "activa" es los más conveniente. A veces, no es tan "fácil" hacer ese tipo de escucha, y esas preguntas son realmente una guía extraordinaria para ayudar una persona que necesita desahogarse. En la pregunta número 2, queremos asegurarnos que la persona diga todo y aun que repite lo mismo, es una pregunta clave. La pregunta número 7 es algo poco común, pero muy poderoso, ya que la persona realiza, que alguien más quiere ayudarle realmente.

Mis notas:

Preguntas para ayudar un gerente teniendo problemas para gestionar un miembro de su equipo

Categoría:
Laboral

Preguntas:
1. ¿Por qué es difícil gestionar a "Christian"?
2. ¿Cómo ese problema afecta tu gestión?
3. ¿Qué cambiaras en tu estilo de gestión para liderar a "Christian"?
4. ¿Dame un ejemplo específico?
5. ¿Déjame entender bien: ¿Qué te hace pensar que eso es realmente el problema que tienes con él?

Consejos:

Después de esas preguntas, el gerente es libre de dar su opinión, pero verán que no será necesario, ya que el entrevistado se dará cuenta por sí mismo, que tendrá que hacer para remediar a esa situación.

Mis notas:

_____

_____

_____

_____

Preguntas para apoyar a un colega que busca retroalimentación antes de hacer una presentación de trabajo.

Categoría:
Laboral, personal

Preguntas:
1. ¿De qué te gustaría hablar específicamente?
2. ¿Cómo te puedo ayudar en la preparación de la presentación?
3. ¿Platícame exactamente las inquietudes que tienes para esa presentación?
4. ¿Cuál es el tema que dominas a la perfección en esa presentación?
5. ¿Cuál es el tema que te da más dificultades?
6. ¿Qué más puedes hacer para estar bien preparado?

Consejos:
Las presentaciones de resultados, las presentaciones de proyectos o presentaciones de ventas pueden ser muy aterradoras para muchos ejecutivos. Existen libros que solo trata de como presentar, ya que para un líder de equipo puede representar los momentos claves de su trabajo donde sus colaboradores evalúan esas presentaciones como el desempeño integral del líder. La preparación de esas presentaciones con claves para muchos. Apoyar un colaborador en hacer una presentación excelente, es también muy significativo para un líder de equipo.

Mis notas:

_____

_____

Preguntas para apoyar alguien que tiene problema con su "jefe" o supervisor inmediato.

Categoría:

Laboral

Preguntas:

1. ¿Platícame más de tu relación con "Jonathan"?
2. ¿Cuál es la diferencia cuando puedes colaborar bien con él, y las veces que sientes que no colabora bien contigo?
3. ¿Sientes que esta así solo contigo o con todos los colaboradores?
4. ¿Cómo piensas arreglar esa situación?
5. ¿Cómo te puedo ayudar para remediar esa situación?

Consejos:

Ese tipo de situaciones es de la más delicada en un ámbito laboral y si no se atiende de manera correcta se puede volver en un gran problema que afecta de manera muy considerable la productividad de un equipo de trabajo. Independiente que si es un colega, superior inmediato o alguien de recursos humanos, tu parcialidad es clave para atender esa situación.

Mis notas:

_____

_____

Preguntas para dar retroalimentación a un subordinado.

Categoría:

Laboral

Preguntas:

1. ¿Hacia dónde vamos?

2. ¿Y tú, hacia dónde vas?

3. ¿Qué es lo que estás haciendo muy bien?

4. Si tú fueras tu jefe, tu supervisor, gerente o coach, ¿Cuáles sugerencias tienes para mejorar tu desempeño?

5. ¿Cómo te puedo ayudar?

6. ¿Qué sugerencia tienes para mí, para ser un mejor gerente?

Consejos:

Yo les recomiendo hacerlo por lo menos dos veces al año. Lo mejor, es hacerlo cada 3 meses. En la primera pregunta queremos saber que tanto esta el colaborador comprometido es el empleado. Y como todo el poder de las preguntas usadas en ese libro, sigue los pasos de las otras 5 preguntas y veras como es "sencillo" dar retroalimentación. Todo lo bueno o malo que hace la persona saldrá mismo de su boca. La pregunta número 6, es para mí muy importante, ya que te ayuda como líder a obtener esa retroalimentación no tan profundo como una encuesta de 360 grados, pero obtendrás información muy valiosa.

Mis notas:

Preguntas para apoyar alguien que siente que no está motivada o que se siente aburrida en su trabajo. (Primera parte)

Categoría:
Laboral

Preguntas:
1. ¿Platícame más?
2. ¿Ok, te sientes desmotivada, porque te sientes así?
3. ¿A quién atribuyes la culpa por sentirte desmotivada?
4. ¿Por qué no hablaste de esa situación con alguien antes?
5. ¿Por qué que no hablaste de eso conmigo antes?
6. ¿Cómo piensas resolver esa situación?
7. Muy bien, avísame de esa solución

Consejos:
Vamos a usar preguntas de un coaching un tanto directo. En mi opinión muy personal, el problema de la "desmotivación" en un trabajo, es algo que no me simpatiza mucho. No quiero parecer un "monstruo" que trabaja sin sentimiento en una oficina. Tratare de explicarme lo más breve posible. Para mí, la motivación es algo muy personal, y he conocido muchos empleados o colaboradores que culpa la empresa u otras personas por su falta de motivación. Y para mí, es algo que no comparto. Es lo mismo cuando alguien dice "alguien me hizo enojar". Para mí, el enojo o la motivación no es responsabilidad de personas externas, sino de sí mismo. Si tú no tienes motivación, buscas acciones, metas, proyectos para que tenga esa motivación necesaria para estar bien o en tu vida personal o en tu trabajo.

Mis notas:

Preguntas para apoyar alguien que siente que no está motivada o aburrida en su trabajo. (2da parte)

Categoría:
Laboral

Preguntas:
1. ¿Me podrías platicar más y tratar de explicarme por qué te sientes así?
2. ¿Tienes algo específico en mente?
3. Muy bien, ¿Qué vas a hacer para sentirte menos desmotivada (o aburrida)?
4. Dame dos o tres ejemplos
5. ¿Qué cosa haría tu trabajo mejor?
6. Muy bien, platícame más de ello.

Consejos:
Dejando los perjuicios y mi manera muy personal de considerar la motivación. Esas preguntas son para un coaching más apoyador y tradicional. Podrás ayudar una persona en ese tipo de situación de manera mucho más imparcial y apoyador.

Mis notas:

_____

_____

Preguntas para hablar y ayudar el plan de carrera de un colaborador:

Categoría:
Laboral

Preguntas:
1. ¿Qué has pensado hasta el momento acerca de tu futuro?
2. ¿Por qué te interesa ese camino? (Nombrar el puesto o el proyecto que menciono el colaborador)
3. ¿Qué necesita hacer para llegar a ese "proyecto" (o puesto) ¿
4. ¿Por qué piensas que "eso" te va a ayudar?
5. ¿Tienes un plan de acción para llegar a ese objetivo?
6. ¿Cuál serían los obstáculos?
7. ¿Cómo te puedo apoyar?

Consejos:
¿Cuántas empresas a la hora de buscar nuevos talentos ofrecen en sus prestaciones "posibilidad de crecer" o "plan de carrera"?. Si realmente una empresa ofrece ese tipo de "programa", yo creo que deben tener personas preparadas y capacitadas para realmente ayudar a todos sus colaboradores. Honestamente, dudo que eso pasa en todas esas empresas que ofrece esa "prestación". Lo mínimo que deben de tener esas compañas, son gente que es capaz de orientar el personal. Por eso en esa sección, les apoyamos con esas 7 preguntas, que puede ayudar mucho a orientar a sus empleados.

Mis notas:

Preguntas para gestionar un colaborador con un desempeño bajo y con poca productividad:

Categoría:

Laboral (y personal)

Preguntas:

1. ¿Cómo te sientes?
2. ¿Cómo podrías mejorar esa situación?
3. ¿Por qué piensas que funcionara?
4. Inténtalo, y no dudes en decirme si te funciono o no.

Consejos:

Antes de escribir las preguntas claves, es importante subrayar que cuando se trata de gestionar un empleado que no hace su trabajo como lo exige la empresa. Esa sesión de coaching, deberá hacerse de manera privada. Al contrario, si es para identificar una buena acción, se puede felicitar al colaborador en público en frente de sus colegas. Situación cuando el colaborador encuentra por sí mismo la solución para mejorar: (Malo = Privado y Bueno = Publico). En la misma situación deja el colaborador encuentra por sí mismo la solución para mejorar: 1. ¿Cómo te sientes? 2. ¿Cómo podrías mejorar esa situación? 3. Da tu opinión si el colaborador no encuentra una solución 4. ¿Crees que eso puede funcionar? 5. Inténtalo, y no dudes en decirme si te funciono o no.

Mis notas:

Pregunta para iniciar un proyecto, y realizar un sueño a corto o largo plazo.

Categoría:
Personal

Pregunta:
1. ¿Qué puedo hacer HOY para "ser más feliz", "para tener más dinero"…? (escribe tu sueño u objetivo o proyecto).

Consejos:
¡Hazlo! Es realmente poderoso, de esa manera programas tu cerebro, y lo más importante, te obliga a tomar acciones para llegar a tu objetivo. Te recomiendo, escribir esa pregunta en un "post-it" y pegarlo donde lo podrás ver todos los días. (En un espejo, en el refrigerador, etc.). Si quieres algo. Cambia la palabra sueño por la palabra objetivo. Verás que un pequeño cambio de mentalidad puede llevarte a hacer grandes cosas para lograr tus sueños.

Mis notas:

_____

_____

_____

Preguntas para mejorar el desempeño de un colaborador o de un equipo en general:

Categoría:
Laboral

Preguntas:
1. ¿Platícame tus ideas para incrementar "aumentar la productividad"?
2. ¿Qué más podrías hacer?
3. Si supieras la respuesta, ¿Qué sería la idea idónea para lograrlo?
4. ¿Qué consejo le darías a un amigo en la misma situación?

Consejos:
Esa situación, es la razón por que muchas personas o empresas que buscan los mejores lideres o que buscan coach profesionales. Para aumentar la productividad del recurso humano y por lo tanto aumentar la productividad y las cifras de una compaña. Como se dan cuenta, todas las situaciones que hemos tocado en el libro, usan preguntas que deja a la persona encontrar las soluciones de un problema por sí mismo. Ese caso no es la excepción. Si el empleado fue contratado, es porque previamente, identificaron talentos que hace que esa persona es la persona adecuada para un puesto en particular y tiene las habilidades para solucionar problemas, y por lo tanto ayudar a la empresa a lograr sus objetivos. Sin embargo, si esa misma persona no tiene un guía inspirador y/o apoyador, posiblemente no podrá desarrollar esos talentos que la empresa necesita. En la primera pregunta reemplaza "aumentar la productividad" para las palabras especificas a la situación que quieres gestionar.

Mis notas:

Preguntas para lograr una meta laboral.

Categoría:
Laboral

Preguntas:
1. ¿Qué meta o metas lograste el año pasado?
2. ¿Qué hiciste para lograr esas metas?
3. ¿Qué meta o metas NO lograste el año pasado?
4. ¿Por qué no lograste esas metas?
5. ¿Qué quieres lograr ese año?
6. ¿Qué debes de hacer para lograr esas metas ese año?

Consejos:

Me gusta mucho esas preguntas por qué tiene dos efectos. Primero, forzamos a la persona a analizar cómo fueron sus resultados en el pasado y por lo mismo recordar sus acciones que hizo que logro (o no logro) sus objetivos. En segundo plano, también obligamos al individuo a pensar en acciones que funcionan o que no funcionan. Cuando uso las palabras "forzar" o "obligar", no significa que se usa un tono de esclavista, si no como siempre, el coach es una guía apoyador, que siempre será firme y honesto para tratar de ayudar lo más que se puede a la persona que pide apoyo.

Mis notas:

_____

_____

Preguntas para ayudar a manejar los cambios.

Categoría:
Laboral, Personal y vida.

Preguntas:

1. ¿Cuáles son las cosas positivas que obtengas hoy?
2. Haz una lista una lista de esas cosas
3. ¿Cuáles de esas cosas, piensas, que no puedes vivir sin ellas?
4. ¿Cómo podrías reemplazar esa cosa?

Consejos:

No soy un experto para hablar de los procesos de "cambios" pero he tenido muchos cambios en vida tanto personal y profesional. He trabajado en varios países, aprendí nuevos idiomas y culturas. En la mayoría de los casos tuve que hacerlo y en otros casos fue yo que lo decidí. ¿Por ejemplo, que pasa cuando te cambias de país? Los 3 primeros meses: Es la luna de miel, todo es nuevo y muy bonito. Estamos en admiración con la cultura, los lugares, la comida y las personas que nos rodean. Mes número 4 al mes número 6: ¡Se acabó el encantamiento! Esos meses son los meses difíciles donde ya estas comparando todo. Es decir, en mi caso, la comida de mi nuevo país de residencia vs. la comida canadiense, la limpieza de las calles, el estilo de las casas. También hay un momento que necesitas vivir en tu idioma y te molesta escuchar otro idioma todo el día. Del mes #7 al mes #9 de tu estancia. Ya tu tolerancia al cambio es mejor. Empiezas a entender las diferencias de tu cultura vs. la cultura de nuevo país hogar. Yo me acuerdo de un viaje que tuve que hacer a Quebec (mi ciudad natal) durante esos meses, y yo estaba comparando algunas cosas en Quebec y me estaba quejando que ahí no lo tenían y en otros países sí. Creo que ya eso era el elemento donde yo podía decir que yo me había adaptado a mi nuevo país de residencia, y en especial en mi ambiente de trabajo. Esas etapas, son cuando una persona cambia de país, pero se puede aplicar en otros casos. Cuando escribí esas preguntas, para apoyar alguien que busca un cambio, uso mi experiencia personal para guiar toda la conversación.

Mis notas:

_____

_____

_____

_____

_____

Preguntas para dar retroalimentación.

Categoría:
Laboral, Personal

Preguntas:
1. ¿Me puedes ayudar a entender esa situación?
2. ¿Cuál es la historia de esa iniciativa? ¿Cuál era el objetivo?
3. ¿Has considerado hacer eso o aquello?
4. ¿Qué opinas de esa situación?
5. ¿Qué pasaría si…?

Consejos:
En mis años de gerencia, muchas veces han acudido a mí para dar consejos en cómo dar una retroalimentación. Siempre, he considerado que dar retroalimentación es más eficiente usando preguntas que hace que el colaborador se siente en confianza, aunque, la retroalimentación no es positiva. Por ejemplo, en restaurante, el mesero se acerca a la mesa para preguntar si todo está bien. Te das cuenta de que no hay sal en la mesa. Hay dos maneras de hacerle saber al mesero: a) ¿Sería posible tener sal?, o b) No hay sal en la mesa. En los dos casos, estás diciendo que no hay sal en la mesa. Solo que en la opción b, estás diciendo al empleado del restaurante que no hace su trabajo. En la opción estas diciendo, y preguntando que lo que necesitas. Es lo mismo cuando das retroalimentación.

Mis notas:

Preguntas para resolver un problema:

Categoría:
Laboral, personal y vida

Preguntas:
1. ¿Cuál es el resultado de esa situación hoy en día?
2. ¿Qué meta quieres lograr?
3. ¿Qué pasaría si no tendrías ese problema?
4. ¿Qué lo que no haces, y que deberías hacer para resolver ese problema?
5. ¿Qué lo que haces, pero que no deberías de hacer para resolver ese problema?
6. ¿Qué haces para seguir teniendo ese problema?
7. Piensa a alguien en que confíes mucho, un amigo, un familiar, si tú le preguntarías:
¿Qué es lo primero que debes hacer para iniciar a resolver ese problema? que te
diría?

Consejos:
Creo que sería muy pretencioso decir que con esas preguntas se arreglará todos los problemas. La idea detrás es identificar él o los problemas que puede impedir llegar a una meta o simplemente a eliminar un problema en su vida personal o profesional. Sin embargo, es una manera de "atacar" o iniciar un proceso para resolver una dificultad.

Mis notas:

Preguntas para medir el compromiso:

Categoría:
Laboral

Preguntas:
1. ¿Sabes lo que se espera de ti en tu trabajo?
2. ¿Tienes los recursos para hacer tu trabajo de manera correcta?
3. En el trabajo, ¿Tienes la oportunidad de hacer lo mejor posible cada día?
4. En los últimos siete días ¿has recibido algún reconocimiento por hacer el trabajo indicado?
5. Tu supervisor, o alguien en el trabajo ¿parece ocuparse de ti como persona?
6. ¿Hay alguien en el trabajo que motiva tu desarrollo?
7. En el trabajo, ¿tus opiniones cuentan?
8. La misión de tu empresa, ¿hace que sientas tu trabajo importante?
9. ¿Tus compañeros de trabajo están comprometidos en hacer un trabajo de calidad?
11. En los últimos seis meses, ¿alguien en el trabajo ha hablado contigo acerca de tu progreso?
12. ¿En el último año, has tenido oportunidades de aprender y crecer en el trabajo?

Consejos:
Te has preguntado una vez que tanto (tu) o alguien ¿Qué tan comprometido estas con la empresa? Los dirigentes de hoy buscan empleados comprometidos para llegar a los resultados en mercados más y más competitivos. Si eres un líder de equipo buscaras saber con quién puedes contar. Esas preguntas te ayudaran mucho a saberlo. También te ayudara a ti como dirigente a modificar unos

comportamientos para asegurarte el compromiso de todos tus colaboradores.

Mis notas:

___

___

___

___

___

Preguntas cuando hablas con una persona por la primera vez: (En situación de negocios) para establecer y empezar a construir una relación comercial.

Categoría:

Laboral, personal

Preguntas:

1. ¿Qué haces y cuál es el mercado que te interesa?
2. ¿Qué lo que te gusta más de lo que haces?
3. ¿Qué hay de nuevo en el mercado de tu negocio?
4. ¿Qué hay de diferente de tu competencia?
5. ¿Cuáles son los retos que te enfrentas en tu negocio?

Consejos:

Como un matrimonio, una sociedad de negocios empieza con entusiasmo y grandes expectativas; y muchas veces termina en peleas y conflictos legales. Por eso es importante conocer todo cuanto sea posible sobre un socio potencial, incluyendo aspectos de su vida familiar que podrían afectar el negocio.

Mis notas:

Preguntas necesarias antes de convocar una junta de trabajo,

Categoría:
Laboral

Preguntas:
1. ¿Necesitas hacer esa junta?
¿Puedes solucionar, informar o motivar con un correo o una llamada?
2. ¿Cuál es el propósito de la reunión de trabajo?
¿Qué quieres lograr específicamente con esa junta?
3. ¿Quién debe de estar en esa junta?
4. ¿Tienes una invitación y una "agenda" para esa reunión?
5. ¿Cuánto tiempo durara la junta?

Consejos:
Para asegurarse que la junta es realmente útil y productiva. Esa tarea te permitirá de evitar las juntas que no son necesarias. Trata de determinar si es necesario efectuar una junta. Debes de tener una razón que justifique la realización de una reunión: motivo, recursos y tiempo invertido. También debes de evaluar el contexto en términos de clima interno, disponibilidad de la información, efectos en las personas, entre otras.

Mis notas:

_____

_____

Preguntas para un nuevo líder de equipo (Gerente, supervisor, director)

Categoría:
Laboral

Preguntas:
1. ¿Has hablado con a fundo con tu supervisor, gerente o director de tus responsabilidades?
2. ¿Qué significa para ti ser un líder de equipo, gerente o director?
3. ¿Has platicado con tus colegas de tus nuevas responsabilidades?
4. ¿Qué libros, sitios internet, blogs, etc… Debes de buscar para ayudarte con tus nuevas funciones?
5. ¿Cómo debes de actuar, ahora, que tienes esas nuevas responsabilidades?

Consejos:
Esas preguntas son para un director que acaba de ascender un colaborador a un nuevo puesto en la empresa. También te puede servir a ti, si tienes la intención, te van a ascender o ya te ascendieron. ¿Estás listo para el nuevo reto?

Mis notas:

___

___

___

Preguntas para saber cómo un colega (o candidato para un nuevo puesto) responde a la presión.

Categoría:
Laboral

Preguntas:
1. ¿Me puedes platicar de la situación más tensa que has vivido, y como lo resolviste?
2. ¿Cuándo se te junta la presión en el trabajo y en tu vida personal, que haces para resolverlo?
3. ¿Si alguien te asigna una tarea bastante complicada y lo tienes que terminar con muy poco tiempo, que estrategia usas para cumplir el trabajo a tiempo?

Consejos:
La preocupación constante por alcanzar los objetivos determinado para la empresa, conseguir los resultados esperados e incluso lograr el éxito laboral son factores de constante tensión cotidiana, oficinitas, gerentes y directores. La presión laboral causa estrés, que puede comprometer el desempeño y las relaciones interpersonales. Cuando se une un nuevo colaborado al equipo, asegúrate que esa persona quiere estar en esa empresa y no tiene que estar. Si la única motivación es el económico, posiblemente será una persona que tendrá problemas con el manejo del estrés laboral, o si la presión como lo conocemos.

Mis notas:

Preguntas para saber el estrés laboral está afectado mi vida personal.

Categoría:
Laboral, Personal, vida

Preguntas:
1. ¿Me voy a casa por la noche agotado y ansioso?
2. ¿Me preocupo sin parar?
3. ¿Es el sueño un recuerdo lejano?
4. ¿Estoy irritable y soy duro con mi familia?

Consejos:
Si acaba de responder afirmativamente, no ignore ni desestime lo que está sintiendo. Es hora de actuar rápidamente y protegerse. Podríamos añadir la pregunta: ¿Es ese trabajo para mí? Si sigues respondiendo que sí, más que buscar soluciones para manejar esa presión, lo que tienes que hacer es cambiar de trabajo. Honestamente, la medicina, "las vacaciones", las meditaciones NO funcionaran. ¿Cuántas veces he dicho y he dado ese consejo? Muchas veces. Podrás buscar ayuda, un curso o un libro. Eso es sencillo, si no estás a gusto en ámbito laboral, nada funcionará y siempre te sentirá presionado. Siempre habrá presión en un trabajo, sin embargo, si no está afectado tu vida personal, entonces es una presión que es "positiva" siempre y cuando te sientes motivado con ello.

Mis notas:

Preguntas para saber dónde estás y donde quieres estar:

Categoría:
Personal, vida

Preguntas:
1. ¿Qué sucedió en tu vida o carrera que te ha llevado a estar donde estás hoy?
2. ¿Qué estas tratando de resolver o buscar respuestas en lo que haces?
3. ¿Cuáles son los momentos de tu vida que han formado lo que eres?
4. ¿Qué has aprendido de esas experiencias?
5. ¿Qué has aprendido a través de tu trabajo?
6. ¿Cuál es tu pasión?
7. ¿Qué es lo que convierte en alguien único?

Consejos:
La mejor manera de afrontar cualquier situación, es con acción. Comienza dando pequeños pasos y poco a poco tomarás la seguridad necesaria para continuar hasta lograr tus sueños. Si desde el principio te bloqueas pensando en todo lo que debes hacer para construir un proyecto de vida, una meta, jamás vas a empezar; entonces mejor convierte tus objetivos en acciones diarias que puedas empezar a realizar desde hoy mismo.

Mis notas:

_____

_____

Preguntas para aumentar la pertenecía a una empresa y a su vez su compromiso.

Categoría:
Laboral

Preguntas:
1. Sabiendo las metas de la empresa, ¿Estableciste tus propias metas?
2. ¿Estás haciendo los esfuerzos suficientes para lograr esas metas?
3. ¿Estás haciendo los esfuerzos eficientes para ser feliz en tu trabajo?
4. ¿Has hecho algo para des mostrar que tu trabajo cuenta mucho en la empresa?
5. ¿Tienes hábitos para tener buenas relaciones con tus colegas?
6. Del 1 al 10, ¿Qué tan comprometido estas con tu trabajo y la empresa?

Consejos:
El sentimiento de pertenencia en una empresa es como la confianza, no se impone y se gana. Como líder de empresa, nos queremos asegurar que el colaborador tiene un alto compromiso con la empresa. Eso no pasara si la empresa no toma acciones para generar esa cultura. Por eso, esas preguntas son relevantes, cuando la empresa se asegurara que los empleados se sienten como parte de esa "familia empresarial".

Mis notas:

Capítulo 4: Auto coaching: 30 preguntas para mejorar tu vida:

Esta sección es para ayudarte con consejos o "tips" para poder lograr tus objetivos personales y/o profesionales. Hace unos años, escribí un libro titulado Secretos de emprendedores exitoso. El material del libro, fue el resultado de una investigación realizada a 378 emprendedores exitosos, adicional al conocimiento adquirido a partir de diversas lecturas, capacitaciones, conferencias, seminarios, webinars, experiencia propia, que adicional a la experiencia de distintas personas, me ayudó a recopilar 30 actividades que utiliza la gente exitosa y productiva o que simplemente ha logrado cumplir sus sueños. Para cada actividad, el lector podrá contestar una pregunta de alto rendimiento para poder reflexionar, tomar acciones, y cambiar sus hábitos para consecuentemente cambiar su vida. Esas respuestas deberán ser las más honestas y elaboradas. Es decir, si es una pregunta cerrada, recomendamos añadir la "pregunta": ¿POR QUË? Si es una pregunta abierta, se recomienda tomar el tiempo para elaborar su respuesta que será la base de un plan de acción para poder ejecutar las actividades para simplemente, cambiar su vida. Dejamos un espacio con líneas para que tomen una pluma, o un lápiz para poder contestar esas preguntas. Si estás leyendo la versión "ebook" (versión Kindle), toma unas hojas de papeles, y contesta POR ESCRITO esas preguntas que te AYUDARA a cambiar tu vida (o la de un "coachie") de manera positiva.

¿Qué es el éxito?

Antes de seguir con las *30 preguntas para mejorar tu vida*, quise mostrar unas definiciones del éxito. Quise subrayar que el éxito es un concepto muy diferente para cada ser humano y que no es ligado al éxito económico. Si buscas la palabra "éxito" en la red, encontrarás lo siguiente:

1. Victoria (triunfo);

2. Nivel de estatus social.

3. El cumplimiento de una meta/objetivo.

4. Lo opuesto a la frustración y fracaso.

5. Siddhi es un término sánscrito que significa 'perfección', 'logro' o 'éxito.

6. Éxito (supermercado), cadena de supermercados en Colombia.

Muchos asocian el éxito al monto de dinero que logras, sin embargo, el éxito, desde el humilde punto de vista de este autor, se basa en la realización de un objetivo previamente establecido. Partiendo de ese punto, todos los consejos que estudiaras en este texto, te ayudarán a lograr tus objetivos personales y profesionales.

1. Aprovechar los domingos para planear y preparar tu semana.

Los domingos son para descansar, pasar tiempo con la familia y amigos para muchas personas. Aunque para otras, las personas exitosas, son para tomar un tiempo, no muy largo sino suficiente, para ver y planear las actividades de la semana siguiente. Para tener una semana productiva, se aconseja realizar lo siguiente: Determinar cuáles son los objetivos de la semana. Esto no involucra únicamente alcanzar la meta financiera de la empresa sino de metas de tarea. Por ejemplo, ¿hay pendientes como renovar un pasaporte? ¿Una comida con alguien que no has visto en mucho tiempo? ¿Una salida con tu pareja? ¿un tiempo específico para estar con tu hijo? Haz una lista de algunas actividades, asígnales fecha y hora. También determina una fecha máxima para realizarla. Inicia objetivos alcanzables, si por ejemplo estás en ventas, y sabes que puedes vender 5 unidades de un producto, agrégalo a tu lista, pero no intentes poner 10, porque podrías no alcanzar la meta, y si sigues así, semana tras semana, comenzarás a sentirte frustrado, y eso te alejará del camino del éxito. Escribe los pendientes que quieres terminar en esa semana. El famoso To-Do list (lista de actividades por realizar). Es una herramienta que usa la gente productiva, y no hay sentimiento más satisfactorio que borrar los elementos de esa lista cuando finalmente has cumplido esos deberes. Existen personas que no ponen fecha en esas actividades, y está bien, siempre y cuando tengas el hábito de revisar y planear tus actividades los domingos. Te darás cuenta de cuantas actividades cumpliste y cuántas otras tienes todavía como pendientes

PREGUNTA: ¿Qué haces los domingos?

_____

_____

_____

_____

_____

2. No hacer muchas cosas en un solo día.

Limítate a uno o dos objetivos diariamente. No vas a lograr todo en un día, es importante que lo tengas en la mente. Limita tu día a uno o dos objetivos. Por ejemplo, en mi caso, puedo tener el objetivo de escribir 10 cuartillas, pero no de escribir un libro completo, solo debo asegurarme de escribir 10 páginas, si puedo lograr eso, y que diariamente logre escribir esas mismas 10 páginas. Seguramente podré terminar un libro mucho más rápido de lo que había pensado. Piensa en algo de tu vida personal y profesional. ¿Qué objetivo quieres lograr hoy? ¿Una comida con amigo? ¿Una venta? ¿O simplemente poner en orden tu escritorio? La semana tiene 7 días, ¿has pensado que en 7 días podrías lograr de 7 a 14 objetivos si aplicaras ese hábito?

PREGUNTA: ¿Cuál es tu objetivo de mañana?

_____

_____

_____

_____

_____

3. Devolver tu "éxito" a tus amigos e familiares.

Hay una línea delgada entre presumir e inspirar. Estarás tentado platicar de tus hazañas, logros, viajes a lugares exóticos que has conocido. No está mal del todo, pero ten cuidado de no hacerlo tanto, ya que puede producir un efecto negativo. Mejor, trata de compartir algunas ideas que te ayudaron a lograr el éxito o algunos objetivos específicos. Hay gente que te lo agradecerá y que a su vez, te contará también sobre actividades o consejos para alcanzar también el éxito.

PREGUNTA: ¿Te gusta presumir, o compartir tus éxitos?

___

___

___

___

___

4. Tener pasatiempos

Tener pasatiempos es excelente, siempre y cuando seas disciplinado y aquellos pasatiempos no se conviertan un obstáculo a tus propios objetivos. No puedo arriesgarme a afirmar que existen mejores pasatiempos que otros, pero deben ser algo que te guste hacer y que al mismo tiempo te genere algún beneficio para tu salud física y mental. En mi caso, disfruto de hacer deporte, sin embargo, mi mejor pasatiempo es aprender y practicar trucos de magia. Hay muchos beneficios que están ligados a la práctica de la magia (trucos de cartas, monedas etc.). Como el hecho de desarrollar la habilidad de realizar tareas manuales, contribuye a mejorar la concentración, trabaja la paciencia, etc. Busca los beneficios que te trae tu hobby, incluso, si son los videojuegos (no en exceso), te darás cuenta de que también tiene sus ventajas, seguramente habrás oído sobre la forma en la que contribuye a la capacidad cognitiva.

PREGUNTA: ¿Cuál es tu pasatiempo?

___

___

___

___

___

5. Perseverar hacia los objetivos

Es una acción muy "general", sin embargo, es algo sencillo de hacer. Yo escribo libros e eBooks. Normalmente tengo la meta de escribir unas 10 páginas al día. La verdad, no todos los días alcanzaba esa meta, había días en los que, por el tiempo del que disponía, solo lograba escribir una, dos o hasta cuatro páginas. Cuando eso pasa, me recuerdo a mí mismo lo cerca que estoy de acabar una obra a diferencia del día anterior. Cuando no escribo nada en un día, me siento nervioso e inquieto porque siento que no avancé nada. Independiente de que simplemente lo consideres como tu objetivo, pregúntate: ¿Qué he hecho hoy que me acerca más a mis metas? Hazte esa pregunta todos los días, te aseguro que te ayudará a lograr tus objetivos, ser más productivo y por ende, llegar al éxito.

PREGUNTA: En una escala del 1 al 10: ¿Cuál es tu grado de perseverancia para lograr una meta?

_____

_____

_____

_____

_____

6. Despertar muy temprano en la madrugada

Hay un dicho en francés que dice: *"Le monde appartient aux gens qui se levent tot"*. "El mundo pertenece a la gente que levanta temprano". Existen múltiples ejemplos de gente exitosa que se levanta muy temprano. Napoleón Bonaparte solía dormir de 3 a 4 horas todos los días. Independientemente de la opinión que tengas del emperador francés, logró muchas cosas en su vida. No te sugiero directamente que únicamente duermas cuatro horas, eventualmente será perjudicial para tu salud, pero considera las horas que realmente estás aprovechando de tu día y cuántas más podrías emplear.

PEGUNTA: ¿A qué hora te levantas en la mañana?

___

___

___

___

___

7. Contactos

Tener contactos de calidad más que de cantidad con tus seres queridos. Las personas exitosas suelen tener muchas personas productivas en su entorno. También hacen a lo que le puedo llamar una "selección de amigos, hasta familiares". Es decir que todas aquellas personas que se la pasan quejándose, negativas o que sencillamente no contribuyen en nada a tu vida, hazlos a un lado. Trata de estar con más gente positiva si realmente quieres lograr tus metas y alcanzar tus sueños

PREGUNTA: ¿Cuántas personas exitosas conoces y a quienes frecuentas regularmente?

_____

_____

_____

_____

_____

8. Meditar.

Meditar no es difícil. Claro que existen muchas técnicas y a veces, la meditación está relacionada con una religión exótica, creencia o hasta un hábito de categoría cultural. No te confundas, meditar es prácticamente sentarse a pensar; respira lentamente y profundamente. Si puedes, reproducir música relajante que sirva de fondo, mejor. La meditación, es realmente tu encuentro contigo mismo. 5, 10 o hasta 15 minutos basta para lograr una reflexión muy personal de tu estado de ánimo. Si realmente te intriga, investiga más en internet y podrás encontrar muchas técnicas que puedan adaptarse más a tu estilo y a tu personalidad. Hazlo. En este mundo regido por el estrés, como muchos han denominado a lo largo de su vida en este último siglo, es importante hacer esa pausa "espiritual".

PREGUNTA: ¿Te has sentado a meditar en los últimos 7 días?

___

___

___

___

___

9. Practicar un deporte.

Durante mi educación, y en mi bello Quebec, Canadá, el deporte era parte de la vida cotidiana desde los 4 años. Esto no significa que debas arriesgarte por un deporte extremo o alguna actividad de alto impacto que te deje exhausto. Una caminata, jogging o practicar el yoga resultan increíblemente bien.

PREGUNTA: ¿Qué deporte practicas? ¿Realizas algún tipo de ejercicio cotidianamente?

_____

_____

_____

_____

10. Desconectar las redes sociales

Las redes sociales son herramientas maravillosas, sin embargo, pueden también ser grandes obstáculos para terminar tareas o cumplir objetivos. Si estás en la oficina, apaga tu celular, cierra todas tus redes sociales en la computadora. Olvídate de las redes mientras estés trabajando por alcanzar una meta. Imagina que un obrero estuviera preocupado por su estado social mientras está construyendo un muro de ladrillos, una casa, un edificio. ¿Qué tiempo extra le tomaría a ese albañil para acabar el muro? Considera su situación económica ¿Hasta cuándo le pagarían para llevar alimento a su casa?

PREGUNTA: ¿Cuántas horas le dedicas a las redes sociales en un día?

___

___

___

___

___

11. Tener un plan de acción

¿Te imaginas a un arquitecto construir una casa sin sus blueprints? Es exactamente lo que hace mucha gente que quiere un objetivo o alcanzar un sueño. Trata de pensar que estás en una reunión de amigos y que alguien tiene una idea de negocio. Todos se ven en el proyecto, y todos están entusiasmados con la nueva empresa. El día siguiente y subsecuente no se realiza nada porque nadie tomó nota o realizó un plan. Hacer un plan no debe ser complicado. Puedes encontrar en internet múltiples formatos gratuitos en caso de no tener la menor idea, y te darás cuenta que la mayoría de esos documentos son más complicados de usar y seguir que el propio proyecto que quieres lograr. Para hacer un plan de acción, no hace falta que te compliques, toma una hoja de papel o abre tu computadora y contesta estas preguntas para arrancar tu plan de acción:

1. ¿Qué? : De que se trata tu proyecto.

2. ¿Quién? : Quien se encargará de que.

3. ¿Cómo? : Como se hará el proyecto

4. ¿Cuándo? : Establece las fechas de entrega.

5. ¿Por qué? : Porque quieres realizar ese proyecto.

PREGUNTA: ¿Cuándo quieres lograr algo, estableces un plan de acción antes?

___

___

12. Reflexionar sobre tus fracasos.

A nadie le gustan los fracasos, sin embargo, hay que saber vivir con ellos. Decía una sabia mujer, (mi abuela): Está permitido cometer errores en la vida, pero lo que no es válido, es cometer el mismo error dos veces. La reflexión sobre nuestros errores nos permite analizar las causas e identificar el elemento, a cambiar, que no funcionó, para no repetirlo.

PREGUNTA: ¿Has analizado a fondo un fracaso de tu vida personal o profesional?

_____

_____

_____

_____

13. Rodearse de personas positivas.

Fácil a decir, pero a veces no es tan fácil a ejecutar. La mayoría de las personas exitosas se rodean de personas positivas. Ellos hacen una "selección" de personas que les aportarán cosas positivas en su vida. Todos hemos sido "víctimas" de la famosa selección de amistades. ¿Por qué esa persona ya no me habla? ¿Porque habla más con esa persona que la otra? Tantas son las cosas positivas o negativas que afectan e influencian nuestras vidas. Si es así, tratemos de hacer como las personas exitosas, y empecemos a "deshacernos" de la gente negativa, y acercarnos a las personas más positivas. Esto ha sido una ley de selección natural desde hace mucho tiempo, en donde se tendía a excluir a aquellos cuyo aporte no beneficiaba y solo consumía valiosos recursos que pudieran invertirse en conseguir otros tantos.

PREGUNTA: De las cinco personas más cercanas a ti; ¿Cuántas de ellas, son realmente personas positivas?

_____

_____

_____

_____

14. No poner excusas. (Aceptar sus errores)

Hace años tomé una capacitación de servicios a clientes, y siempre me acordaré de una frase que usó la capacitadora ante una queja del cliente, ella jamás recurrió a la clásica excusa barata que seguramente todos hemos escuchado: "Por política de la empresa...". Esto es seguramente lo peor que le puedes decir alguien, si te encuentras en el área, y demuestra una gran falta de responsabilidad. Es igual en el día a día, buscar excusas no te hará más productivo y mucho menos, exitoso. Sin embargo, aceptar tus errores, si te ayudara. Ten la humildad de hacerlo y asegúrate de no repetirlo. Puedes cometer muchos errores en la vida, pero nunca el mismo dos veces.

PREGUNTA: ¿Cuántas veces has usado excusas en vez de admitir tus errores?

_____

_____

_____

_____

_____

15. Comer sanamente.

Algo que puede ser tan obvio a observar. Si comes sanamente, va a ayudarte en todos los aspectos de tu vida. Muchos asocian la comida al cuerpo, pero pocos lo asocian a la parte emocional y la inteligencia. La comida sana te ayuda a ser una persona más saludable. Una alimentación saludable, a base de comida sana, te ayudará a mantener tu sistema inmune preparado, por lo que estarás evitando enfermedades virales e infecciosas, que perjudicarán tu cuerpo, con ello, tu rendimiento y, sobre todo, terminarán por desviar tu enfoque.

PREGUNTA: ¿Cómo evalúas tu alimentación de la escala del uno al diez? (Suponiendo que 1 es muy malo y 10 es excelente)

_____

_____

_____

_____

_____

16. No ser víctima

No es tan simple, pero si lo piensas bien, hay dos tipos de personalidad en el mundo. La víctima y el líder. ¿Cuál de los dos eres? Es estado no se hereda. Si quieres ser víctima o ser líder es tu decisión, y nadie te lo impondrá. Asume tus acciones, responsabilidades y haz que las cosas sucedan, no esperes que simplemente pasen.

PREGUNTA: De 5 personas que conozcas, ¿cuántas son "lideres" y cuántas son "víctimas"? ¿Con quién te identificas más?

_____

_____

_____

_____

_____

17. Ver el cambio como algo normal.

Imagínate sentado en una casa hace dos mil años. Ahora, imagínate en la misma casa después de mil años, finalmente imagina cómo estarías en la misma casa hace dos días. ¿Es la misma casa? ¿Usas las mismas cosas? ¡Claro que no! Los cambios no son amenazas, son actos normales. Si puedes entenderlo y aceptarlo, será mucho más fácil para ti evaluar y realizar muchas actividades.

PREGUNTA: ¿Te dan miedo los cambios? ¿Sí? ¿No? ¿Por qué?

_____

_____

_____

_____

_____

18. Aprender continuamente

Aprender continuamente no significa regresar a las bancas de la escuela. Hay varias maneras de adquirir conocimiento. Hoy con la internet es muy fácil hacerlo, sin embargo, es tanta la información que hay, que debes enfocarte en el asunto o campo donde quieres indagar, se muy crítico para evitar esos artículos basura. Los libros siguen siendo el medio de adquisición de conocimientos por excelencia. Toma capacitaciones presenciales o en línea. Participa en eventos de interés o de tu industria para ver qué puedes aprender de los conferencistas.

PREGUNTA: ¿Cuándo fue la última vez que fuiste a ver una conferencia de técnicas de ventas?

___

___

___

___

___

19. Conocer tu propósito y saber que lo quieres.

En otro libro que escribí, Secretos de emprendedores exitoso, le pregunté a 378 emprendedores exitosos: ¿cuáles eran las principales cualidades para obtener éxito en los negocios? La pasión fue la primera y la VISIÓN fue la segunda más importante según lo que contestaron. Muchos de ellos, se referían a la visión como la importancia de saber que se quiere hacer, y saber muy bien por dónde y a dónde quiere llegar una persona.

PREGUNTA: ¿Conoces tu visión en la vida?

___

___

___

___

20. Reflexionar con preguntas.

¿Te has dado cuenta de que la gente productiva hace muy buenas preguntas? La verdad, es que no hacen buenas preguntas, si no retoman la idea para asegurarse que entendieron bien. Decía Levi Strauss (famoso antropólogo y etnólogo francés): El sabio no es el hombre que proporciona las respuestas verdaderas, es el que formula las preguntas verdaderas. Si quieres conocer más de esa técnica, puedes descargar mi libro "El arte de ayudar con preguntas".

PREGUNTA: ¿Qué has hecho hoy para acercarte a tu sueño?

___

___

___

___

___

21. Reemplazar las preguntas "Me gustaría tener algo" por "Voy a tener algo"

¿Sabes que los mejores vendedores del mundo usan ese modelo? Como puedes constatar, el simple hecho de cambiar ese famoso chip de "Me gustaría" por "Voy" puede cambiar el rumbo de tu vida. ¿Te gustaría ir de viaje al final del año? ¿o vas a ir de viaje al final del año? Muchos adeptos de la filosofía holística también usan ese tipo de fraseo para enfocarse en lograr objetivos. Por ello, estás programando el universo a tu favor para que pasen las cosas y cumplas tus sueños.

PREGUNTA: ¿Te gustaría lograr tus objetivos de vida? ¿O vas a lograr tus objetivos de vida?

_____

_____

_____

_____

_____

22. Tener una lista de cosas por hacer Los norteamericanos lo llaman el To-Do list (Lista de cosas por hacer).

Para ellos, seguramente la mejor herramienta o consejo de este libro. Puedes poseer la mejor computadora, el último modelo de teléfono inteligente o la mejor aplicación del mundo de gestión de tiempo. Pero hacer una lista de las cosas que tienes que hacer es fácil, y la puedes usar para tus tareas personales y profesionales. Puedes usar ese teléfono o simplemente una libreta para apuntar las cosas que tienes pendientes.

PREGUNTA: ¿Usas una lista de pendientes para ayudarte a realizar tus tareas?

___

___

___

___

23. Escuchar audiolibros mientras viaja

Escuchar música mientras viajas o te trasladas de un lugar a otro es muy divertido y relajante. Pero ¿qué pasaría si en vez de escuchar música, te pusieras a escuchar un libro? Ahora ya sabes porque hay gente que lee (o escucha) muchos libros en un año. Ese tiempo es valioso para adquirir o reafirmar conocimientos.

PREGUNTA: ¿Cuál fue el último audiolibro que has escuchado? ¿Cuándo fue eso?

___

___

___

___

___

24. Hacer networking

De acuerdo a negociosynetworking.net/; El networking es una filosofía que consiste en el establecimiento de una red profesional de contactos que nos permite darnos a conocer a nosotros y a nuestro negocio, escuchar y aprender de los demás, encontrar posibles colaboradores, socios o inversores. Para mí, de los hábitos o actividades presentados en este libro, seguramente el, más "aburrido" o "difícil". Eso lo atribuyo a mi personalidad, que es un tanto más introvertida que otra cosa. Debo de admitir que es en los eventos de networking en donde he obtenido las mejores oportunidades de negocio. Ten cuidado, las redes sociales, pueden funcionar, pero no te darán los mismos resultados que un esfuerzo de networking real en donde tienes que acudir.

PREGUNTA: ¿Cuántas personas conoces realmente? (Sin contar las redes sociales)

___

___

___

___

___

25. Leer un libro (por lo menos 20 minutos al día)

¿Puedes dedicar un mínimo de 20 minutos al día para leer un libro? Las personas exitosas que tienen más actividades que tú o un servidor, lo están logrando. ¿Cómo lo puedes lograr? Si cargas un libro contigo a todos lados. También puedes hacer algo más práctico, deja un libro en la mesita de tu recámara. En la noche, en vez de revisar el famoso Facebook, toma ese tiempo para leer ese libro. Si puedes lograr adoptar ese hábito, te felicito ¿imaginas cuantos libros podrías leer en un año? Haz un cálculo nada simple. Si logras leer 20 páginas en 20 minutos. y, digamos que lees 20 días al mes. Son 400 páginas al mes, prácticamente uno o dos libros al mes. Al fin del año, habrás leído, entre 15 y 20 libros.

REGUNTA: ¿Cuántos libros lees en un año?

___

___

___

___

___

26. Transmitir hábitos de éxito a tus hijos

Dicen que la mejor forma de aprender es enseñar. Realmente no sabes cuál va primero, porque cuando tienes hijos, tratas de ser una mejor persona ya que tu motivación ha cambiado por la llegada de ellos a tu vida. Cuando tienes hijos, tratas de enseñarles lo mejor para que se preparen para la vida. Sin embargo, no sirve de mucho de enseñar cosas que no practicas o que tú mismo no conoces. Tus hijos harán lo que tu hagas, no harán lo que tú digas. Existe una conocida expresión en inglés que dice "Walk the talk" en español la conocemos de otra manera: Usas los hechos, no las palabras.

PREGUNTA: ¿Estás satisfecho sobre la forma en la que educas a tus hijos?

_____

_____

_____

_____

_____

28. Tomar cursos de capacitación constantemente

Una de las claves del éxito personal o profesional es ser constante en capacitarse. Ya sea que tomes cursos, asistas a talleres y seminarios o leas libros, siempre debes procurar aprender nuevas cosas que te ayudarán a alcanzar tus objetivos. Nunca debes asumir que ya sabes todo, sino admitir y reconocer que el aprendizaje nunca termina, que siempre habrá nuevas cosas por saber. Si estás en un campo más competitivo, abraza y aférrate a esa filosofía, ya que siempre hay alguien que sabrá más que tú en este momento y por lo tanto, producirá más que tú. ¡Asegúrate que seas tú "ese" que sabe más que los demás! Debes de capacitarte constantemente para así poder alcanzar tus objetivos de la manera más eficiente posible, pero también debes de aprender todo el tiempo para llegar a ser especialista o experto ideal en tu campo de acción, hasta el punto de llegar a ser el mejor y aun así, seguir preparándote.

PREGUNTA: ¿Ya te inscribiste a un seminario?

29. Creer en ti.

Si tienes confianza en ti mismo, puedes darte una segunda oportunidad, una tercera y hasta cuarta para conseguir tus sueños. No te quedes llorando tus penas en casa esperando a que alguien te de la mano para levantarte. Conseguirás el éxito por ti mismo, con tenacidad y confianza. La falta de confianza o el miedo te impide actuar. Te impide hacer esa tarea determinada por miedo a fracasar o a no conseguir tus objetivos. Confía en tus posibilidades y no busques siempre la aceptación de los demás. Eres tú la primera persona que debe creer en lo que tu haces. Sólo así tendrás la valentía necesaria para animarte a hacer aquellas cosas que siempre has deseado o soñado.

PREGUNTA: ¿Qué haces para creer en ti?

___

___

___

___

30. Escribir tus ideas en una libreta

Uno de mis primeros eBook y Best Seller en Amazon se titula: "El arte de tomar apuntes". Antes de dedicarme a compartir mis libros, tuve varios puestos de alta dirección. Siempre me llamaba la atención cuando en las juntas, varios colaboradores llegaban al lugar de la reunión, escuchaban y participaban, pero no tomaban apuntes. Cuando pasaba eso, les recordaba lo que mi abuelita, mujer muy sabía, me decía: La memoria es la única facultad que olvida. La gente eficiente carga una libreta para apuntar las ideas que obtengan de los demás o que ellos mismos tengan, debido a su creatividad. Así es más fácil implementar un plan de acción y llegar a la ejecución de dicha idea.

PREGUNTA: ¿Qué haces para recordar tus ideas?

_____

_____

_____

_____

_____

Resumen: 30 preguntas para mejorar tu vida

1. ¿Qué haces los domingos?

2. ¿Cuál es tu objetivo de mañana?

3. ¿Te gusta presumir o compartir tus éxitos?

4. ¿Cuál es tu pasa tiempo?

5. En una escala del 1 al 10: ¿Cuál es tu grado de perseverancia para lograr una meta?

6. ¿A qué hora te levantas en la mañana?

7. ¿Cuántas personas exitosas conoces y a quienes frecuentas regularmente?

8. ¿Te has sentado a meditar en los últimos 7 días?

9. ¿Qué deporte practicas? ¿Realizas alguna actividad física o tipo de ejercicio?

10. ¿Cuántas horas le dedicas a las redes sociales en un día?

11. Cuando quieres lograr algo ¿estableces un plan de acción para llegar a ello?

12. ¿Has analizado a fondo un fracaso de tu vida personal o profesional?

13. De las cinco personas más cercanas a ti; ¿Cuántas de ellas, consideras realmente que son personas positivas?

14. ¿Cuántas veces has usando excusas en vez de admitir tus errores?

15. ¿Cómo evalúas tu alimentación en una escala del uno al diez? (Suponiendo que 1 es muy malo y 10 es excelente)

16. ¿De 5 personas que conozcas, ¿cuántas son "lideres" y cuántas son "victimas"? ¿Con quién te identificas más?

17. ¿Te dan miedo los cambios? ¿Sí? ¿No? ¿Por qué?

18. ¿Sabes cuál es tu misión y visión en la vida?

19. ¿Cuándo fue la última vez que fuiste a ver un conferencista?

20. ¿Qué has hecho hoy para acercarte a tu sueño?

21. ¿Te gustaría lograr tus objetivos de vida? ¿O vas a lograr tus objetivos de vida?

22. ¿Usas una lista de pendientes para ayudarte a realizar tus tareas?

23. ¿Cuál fue el último audio libro que escuchaste? ¿Cuándo fue eso?

24. ¿Cuántas personas conoces realmente? (Sin contar las redes sociales)

25. ¿Cuántos libros lees en un año?

26. ¿Estás satisfecho por la forma en la que educas a tus hijos?

27. ¿Cuántas horas le dedicas al televisor? (Tradicional o vía cualquier dispositivo)

28. ¿Ya te inscribiste a un seminario?

29. ¿Qué haces para creer en ti?

30. ¿Qué haces para recordar tus ideas?

ACERCA DEL AUTOR:

Christian Leclerc es consultor empresarial independiente y fue profesor de la asignatura de Emprendimiento en la Universidad Panamericana (UP) en la Ciudad de México. Ha publicado diversos libros en el campo de la educación, de negocios, liderazgo y gestión de empresas. Su objetivo es ayudar a emprendedores, directores, gerentes, vendedores o cualquier persona que busque consejos para crecer en el ámbito laboral y personal. Su misión se resume en este mantra: "Compartir para mejorar". Puedes contactar al autor y/o seguirlo como miles de personas:

Christian Leclerc: **LinkedIn** – Facebook – Twitter – email – Amazon